# LECTURES FACILITÉES - LIVRES D'ACTIVITÉ

Cette collection de lectures facilitées est d'approche facile grâce à l'utilisation d'un vocabulaire d'environ 600 mots. Elle est indiquée aux étudiants âgés de 12 à 16 ans qui ont étudié la langue française au moins pendant deux ans.

Ces lectures sont très utiles en tant que support matériel pour les professeurs de français, pour stimuler les élèves à une lecture active : sur les pages de gauche une histoire complétée par des notes explicatives en français est proposée, et sur les pages de droite il y a des exercices qui font exclusivement référence au texte même. De cette façon l'étudiant est obligé non seulement d'accomplir une étude approfondie de ce qu'il a lu, mais aussi de s'appliquer à l'étude du vocabulaire, aux temps verbaux, à la syntaxe, etc., et à les réutiliser, en mettant aussi bien en état l'enseignant (et en se mettant lui-même en état) de vérifier le degré de compréhension.

De là, le nom "Livre d'activité" car tout est écrit sur la page, des feuilles ajoutées et des cahiers ne sont pas nécessaires. Il n'est pas nécessaire non plus de feuilleter le livret : tout ce qui sert à l'étudiant se trouve sous ses yeux. Certains exercices servent à résumer la connaissance de la langue française, d'autres sont plus amusants. A la fin de la lecture l'étudiant connaîtra l'histoire et sera même en mesure de la raconter !

*adaptation, exercices et notes*
Francine Martini

*consultante linguistique*
Brigitte Gilli

*imprimé par*
Techno Media Reference - Milano

© texte, notes et exercices

*La Spiga*
LANGUAGES

Libreria Meravigli Editrice, 1994

*distribué par*
Medialibri Distribuzione s.r.l.
via Plezzo, 36 - 20132 Milano
tel. (02) 21.57.240 - fax (02) 21.57.833

# Les Exploits de
# Rocambole

## Ponson du Terrail

**Pierre Alexis Ponson du Terrail** est un écrivain français né à Montmaur, près de Grenoble, en 1829. Il devint célèbre avec le roman *Les coulisses du monde* (1853), auquel suivit une longue série de romans ; *Les cavaliers de la nuit* (1855), *Bavolet* (1856) et le cycle de Rocambole, commencé en 1859 par *Les exploits de Rocambole* (pendant vingt ans, il fournit les journaux de feuilletons très populaires avec ces aventures) et suivi par *La corde du pendu* (1861), *Le dernier mot de Rocambole* (1865), *La résurrection de Rocambole* (1866) et *La vérité sur Rocambole* (1867).

Pendant et après le cycle de Rocambole, l'auteur continua une autre longue série de romans comme *Le chevalier du clair de lune* (1862), *Les nuits de la maison dorée* (1862), *Les bohèmes de Paris* (1863), *Les drames de Paris* (1865), *Les bohémiens du grand monde* (1867), *Le forgeron de la Cour-Dieu* (1869).

Il meurt à Bordeaux en 1871.

La Spiga
LANGUAGES

# UNE FILLE D'ESPAGNE

Après quatre ans d'absence, l'aventurier Rocambole rentre en France à bord du bateau anglais La Mouette. Au cours du voyage il se lie d'amitié avec un jeune homme de son âge qui ne rentre, lui, qu'après dix-huit ans : c'est le marquis de Chamery. Celui-ci porte en sautoir[1] un étui de fer-blanc[2] où sont enfermés les papiers qui prouvent son identité. Tout à coup il y a un ouragan et le bateau sombre. Le marquis sauve Rocambole en le traînant sur un îlot désert, mais il tombe par inadvertance[3] dans une crevasse. Rocambole ne répond pas à ses appels, s'empare de l'étui et se dirige à la nage vers la terre qu'on aperçoit à deux lieues de l'îlot.

Quand il se présente à Paris chez la marquise de Chamery, il est accueilli avec joie par celle qui croit être sa mère, sa soeur et le fiancé de celle-ci, le vicomte d'Asmolles.

Rocambole devient le marquis de Chamery et participe à la vie mondaine de l'aristocratie parisienne. Il retrouve aussi par hasard son ancien conseiller, sir Williams, qui est devenu pauvre et aveugle, et il l'installe en secret dans un appartement qu'il a loué en vue des intrigues de la double vie qu'il a l'intention de recommencer. Il avoue[4] à sir Williams qu'il veut devenir beaucoup plus riche qu'il ne l'est et grand d'Espagne en épousant Conception, la fille unique du duc de Sallendrera, à laquelle il avait sauvé la vie un jour que son cheval effrayé allait la précipiter[5] dans le lac au Bois de Boulogne. À partir de ce jour-là, il a été invité plusieurs fois chez le duc de Sallandrera et Conception l'a toujours accueilli avec enthousiasme.

- "Te voilà donc bientôt grand d'Espagne", lui dit son conseiller.

- "Je le serai, mais ce ne sera pas bien facile. Le duc exige que Conception épouse son cousin don José, pour qu'il continue le nom de la famille".

- "Et Conception l'aime-t-elle ?"

- "Pas du tout, mais elle doit obéir à son père".

1. **Je réponds aux questions :**

a) Après combien de temps Rocambole revient-il en France ?

................................................................................

b) Qui rencontre-t-il au cours de son voyage de retour ?

................................................................................

c) Que fait-il quand il revient à Paris ?

................................................................................

d) Qui retrouve-t-il ?

................................................................................

e) Qu'est-ce qu'il avoue à son ancien conseiller ?

................................................................................

f) Qui Conception devrait-elle épouser ? Pourquoi ?

................................................................................

2. **Je transforme l'adjectif interrogatif en pronom comme le modèle :**

ex: Quelle histoire préfères-tu ? = *Laquelle de ces histoires préfères-tu ?*

a) Sur quel bateau voyagez-vous ?

................................................................................

b) Par quelle marquise est-il accueilli ?

................................................................................

c) Quels îlots découvre-t-elle ?

................................................................................

d) Quelles compagnes inviteras-tu ?

................................................................................

e) Quel livre as-tu lu ?

................................................................................

---

1. **en sautoir** : *porté en collier sur la poitrine.*
2. **fer-blanc** : *tôle de fer recouverte d'une couche d'étain pour la protéger de la rouille.*
3. **par inadvertance** : *par défaut d'attention, par mégarde.*
4. **Il avoue** : *il confesse.*
5. **la précipiter** : *la pousser avec violence.*

- "Il ne te reste que deux choses à faire : suivre don José pas à pas, pour découvrir s'il a quelque chose à cacher, et attendre que Conception vienne à toi."

Rocambole décide de suivre les conseils de sir Williams et, après s'être déguisé[1] en domestique, suit le soir même don José qui, lui aussi déguisé, se rend dans un quartier populaire et entre dans une maison dont il ouvre lui-même la porte avec une clé.

Conception demande au marquis de Chamery (Rocambole) de l'aider à ne pas épouser don José ; elle lui révèle que c'est lui qui, avec l'aide d'une gitane, a empoisonné[2] son frère, don Pedro, qu'elle aimait et dont elle était aimée, dans le but d'hériter de la fortune et du nom des Sallandrera. Mais elle ne peut pas le dénoncer, puisque don José sait que c'est le père de Conception qui a tué son père à lui ; si Conception refusait[3] de l'épouser, il le révélerait et ce serait la honte des Sallandrera.

Rocambole promet à Conception de s'occuper de don José et le soir suivant il le suit de nouveau ; il se rend dans la même maison que le soir précédent : c'est là que l'attend sa maîtresse, Fatima, la gitane qui l'a aidé à empoisonner son frère Pedro. La jeune femme s'aperçoit que don José a un mouchoir de femme qui ne lui appartient pas et elle lui fait une scène de jalousie à laquelle assiste, caché derrière une porte secrète, Rocambole, qui y est parvenu en menaçant les domestiques de la maison.

Don José parti, Rocambole se présente à Fatima comme un ami et il lui révèle que don José la trompe. Elle demande une preuve et se déclare prête à le tuer. Rocambole lui promet de l'emmener à un bal masqué où elle verra don José au bras de sa rivale. Fatima ne s'est pas trompée : don José aime une autre femme, Banco, qu'il rencontre en secret, et il décide de supprimer[4] Fatima, qui pourrait se venger en révélant sa complicité dans le meurtre[5] de don Pedro. Il appelle son valet et confident, Zampa :

- "Zampa, lui dit-il, te souviens-tu que tu es un assassin et qu'il suffit que je dise un mot pour que tu sois guillotiné ?"

**3. Je pose les questions pour les réponses suivantes :**

a) ................................................................... ?

Rocambole décide de suivre les conseils de Sir Williams.

b) ................................................................... ?

Conception lui demande de l'aider à ne pas épouser don José.

c) ................................................................... ?

C'est Rocambole qui promet à Conception de s'occuper de don José.

d) ................................................................... ?

Sa maîtresse Fatima l'a aidée à empoisonner son frère Pedro.

e) ................................................................... ?

Rocambole suit la scène de jalousie derrière une porte secrète.

f) ................................................................... ?

Banco est l'autre femme que don José aime et rencontre en secret.

**4. Je transforme en utilisant la forme composée :**

a) Qui a-t-elle appelé ?

...................................................................

b) Qui a-t-il empoisonné ?

...................................................................

c) Qui ont-ils invité ?

...................................................................

d) Qui avez-vous suivi ?

...................................................................

e) Qui as-tu vu ?

...................................................................

f) Qui a-t-elle salué ?

...................................................................

---

1. **déguisé** : *habillé de manière à être méconnaissable.*
2. **empoisonné** : *fait mourir en faisant absorber du poison.*
3. **refusait** : *n'acceptait pas, s'opposait.*
4. **de supprimer** : *de faire disparaître.*
5. **le meurtre** : *action de tuer volontairement un être humain.*

- "Oui, Votre Excellence. Vous n'avez qu'à commander et je ferai tout ce vous voudrez".

- "C'est bon, dit don José. Tu dois me débarrasser de Fatima".

- "Pas de problème, répond Zampa, j'ai rapporté des Indes un poison[1] qui tue sans laisser de traces".

Le soir même don José apporte chez Fatima un flacon de marasquin qu'il dit avoir reçu d'Espagne : il sait que la gitane en raffole. Et ils en boivent tous les deux joyeusement. Mais, aussitôt don José parti, voilà que Rocambole apparaît mystérieusement, comme la veille. Il étend la main vers le flacon et il demande à la gitane :

- "Tu as bu de cela ?"

- "Oui, répond-elle, il est excellent ; goûtez-le, vous verrez".

- "Don José vient de t'empoisonner, afin de pouvoir aimer librement ta rivale ! Mais tu ne mourras pas. Tiens, avale cette poudre blanche, c'est un contre-poison".

- "Je vous dois la vie ! dit la jeune fille en se jetant à genoux. Sauvez-moi de don José ! Demain, quand il verra que je ne suis pas morte …"

- "N'aie pas peur, je veille sur toi[2]. Seulement, il ne doit pas s'en douter. Demain, quand il viendra, tu lui diras que tu as été malade toute la nuit et tu attribueras ça à un abus[3] d'opium que tu as fait. L'opium est souvent un contre-poison. Sois tendre et affectueuse avec lui. Je te promets la vengeance[4]. À demain !"

Le lendemain don José est très étonné[5] de trouver Fatima vivante, mais la jeune fille lui parle de l'opium qu'elle a pris et ne se montre pas méfiante. Don José ordonne alors à Zampa de la tuer au poignard. Celui-ci pense charger de l'affaire le valet de la gitane, qui est disposé à faire n'importe quoi pour de l'argent. Mais, pendant qu'il va chez la jeune fille, il est arrêté par un inconnu :

- "Vous vous nommez Zampa ?"

- "Oui, répond-il très étonné".

- "Don José vous a pris à son service pour vous sauver de

**5. Je choisis la bonne réponse. Je réponds par VRAI (V) ou FAUX (F) :**

a) Zampa risque d'être guillotiné.      V    F

b) Zampa a rapporté un poison qui tue
sans laisser de traces.      V    F

c) Fatima n'a pas bu le marasquin que
don José lui a offert.      V    F

d) Don José a voulu l'empoisonner.      V    F

e) Rocambole lui donne un contre-poison.      V    F

f) Don José dit à Zampa de la laisser vivre.      V    F

**6. Je pose la question en utilisant le pronom interrogatif équivalent comme le modèle :**

*ex. :* Qu'est-ce que tu as rapporté des Indes ? = *Qu'as-tu rapporté des Indes ?*

a) Qu'est-ce qu'il lui apporte ?
.................................................................

b) Qu'est-ce que tu finiras ?
.................................................................

c) Qu'est-ce que vous achèterez ?
.................................................................

d) Qu'est-ce que nous préparerons ?
.................................................................

e) Qu'est-ce qu'elles ouvriront ?
.................................................................

f) Qu'est-ce que tu feras ?
.................................................................

---

1. **un poison** : *une substance qui interrompt les fonctions vitales d'un organisme.*
2. **je veille sur toi** : *je fais attention à ce qui t'arrive.*
3. **un abus** : *un excès.*
4. **vengeance** : *rendre une offense à qqn. pour se dédommager moralement.*
5. **très étonné** : *très surpris, fort ébahi.*

l'échafaud. Il suffirait d'un mot au parquet du procureur impérial pour que …"

- "Que voulez-vous de moi ? demande Zampa qui comprend qu'il est au pouvoir de l'inconnu".

- "Vous voyez bien que don José a mal gardé votre secret, puisque je le connais, moi. Je suis plus fort que don José".

- "Oh, je me vengerai !" dit Zampa.

- "Je viens t'en donner l'occasion. Entre à mon service : je te donnerai deux mille francs par mois. Mais il faut sauver la gitane".

- "Ah, vous savez ça aussi !"

- "Je sais tout, dit Rocambole, et je peux te perdre si tu ne m'obéis pas !"

- "Qu'est-ce que je dois faire ?"

- "Pour l'instant, aller dire à don José que Fatima est morte. Je viendrai te chercher quand j'aurai encore besoin de toi. Rappelle-toi que je sais ton secret !"

Rocambole quitte Zampa et va chez la gitane, lui dit que le valet de don José a reçu l'ordre de la poignarder[1] et qu'elle doit changer immédiatement de logement. Elle obéit à Rocambole et se laisse emmener chez lui. Rocambole lui dit que l'heure de sa vengeance approche[2].

Le jour suivant, Rocambole, le faux marquis de Chamery, se rend chez le duc de Sallandrera, qui l'a invité à dîner, et il révèle à Conception l'existence de la gitane et le crime de don José. Conception est plus que jamais décidée à ne pas l'épouser, mais Rocambole lui dit de patienter encore quelques jours avant d'en parler à son père et de faire semblant de ne rien savoir.

Le mercredi suivant, le général espagnol C… donne, pour fêter sa femme, un bal masqué auquel tout le Paris élégant et titré[3] et les étrangers de distinction sont invités. Le faux marquis de Chamery y voit une occasion pour se débarrasser[4] à la fois de la gitane et de son rival don José. Après avoir obtenu une invitation pour sa "dame", il va la voir dans l'appartement où il l'a cachée.

**7.** **Je réponds aux questions suivantes :**

a) Est-ce que l'inconnu est au courant de ce que Zampa a fait précédemment ? Pourquoi ?
................................................................

b) Pourquoi don José a-t-il mal gardé le secret selon l'inconnu ?
................................................................

c) Comment s'appelle cet inconnu ?
................................................................

d) Que doit dire Zampa à don José au sujet de la gitane ?
................................................................

e) Que fait Rocambole quand il se rend chez le duc de Sallandrera ?
................................................................

f) Que se passe-t-il le mercredi suivant ?
................................................................

**8.** **Je mets les phrases suivantes au passé récent :**

a) Don José vous prend à son service pour vous sauver de l'échafaud.
................................................................

b) Il faut sauver la gitane.
................................................................

c) Rocambole dit que le valet de don José a reçu l'ordre de la poignarder.
................................................................

d) Rocambole lui assure que l'heure de la vengeance approche.
................................................................

e) Il révèle à Conception l'existence de la gitane et le crime de don José.
................................................................

f) Il dit de patienter encore quelques jours.
................................................................

---

1. **la poignarder** : *la tuer avec un poignard, un couteau.*
2. **approche** : *arrive.*
3. **titré** : *qui a un titre de noblesse.*
4. **se débarrasser** : *éliminer.*

- "L'heure de ta vengeance est arrivée", lui dit-il.

- "Je ne vis plus que pour ça, dit-elle, j'attends le moment de tuer le traître[1]. Mais, où le verrai-je ?"

- "Demain soir on ira au bal masqué du général C…. Je te montrerai don José au bras de sa maîtresse[2]".

- "J'aurai mon poignard ; je ne le manquerai pas".

Le lendemain du bal, Rocambole va voir sir Williams pour lui raconter les dernières nouveautés.

- "C'est fait, lui dit-il, Fatima a poignardé don José et elle est morte à son tour tout de suite après. Avant de le lui montrer au bras de sa maîtresse, j'avais fait avaler à la gitane un flacon de cordial en lui disant que cela lui donnerait du courage ; c'est un poison qui ne laisse pas de traces[3]".

- "Je ne doutais pas de l'habileté de mon élève, lui dit sir Williams. Maintenant Conception de Sallandrera n'a plus de fiancé. Et il paraît qu'elle t'aime. Je parie que tu vas recevoir un message de sa part, après ce qui s'est passé".

Sir Williams ne se trompait pas. En rentrant, Rocambole trouve en effet un billet par lequel la jeune fille l'invite à venir la voir le soir même, en cachette. Elle est très pâle.

- "Ah, monsieur, lui dit-elle, j'ai bien souffert !"

- "Vous n'avez pas souffert seule, lui répond le faux marquis de Chamery. Mais il ne faut avoir aucun remords : ce n'est pas nous qui avons tué don José, c'est la Providence. Songez donc à ses forfaits[4] et à l'horrible existence que vous auriez menée à côté de ce misérable !"

- "Ah, vous avez raison, monsieur ! C'est bien la Providence qui m'a poussée à me confier[5] à vous et qui vous a poussé à accepter le rôle de protecteur".

- "Je suis plus qu'un protecteur, mademoiselle, je vous aime ! Mais je crains, hélas ! de n'être ni assez noble, ni assez riche …"

- "Vous êtes trop humble, et je vous permets d'espérer. Mais maintenant, laissez-moi; mon père pourrait venir me voir. Nous partons demain pour l'Espagne, nous accompagnons le corps de don José, qui doit être inhumé

**9. Je réponds aux questions suivantes :**

*a)* Pourquoi l'heure de la vengeance est arrivée pour la gitane ?

.......................................................................................

*b)* Que devait faire la gitane ?

.......................................................................................

*c)* Que raconte Rocambole à sir Williams le lendemain du bal ?

.......................................................................................

*d)* Que devrait recevoir Rocambole de la part de Conception ?

.......................................................................................

*e)* L'a-t-il réellement reçu ?

.......................................................................................

*f)* Selon Rocambole, est-ce lui qui a tué don José ?

.......................................................................................

**10. Je complète au passé composé, en choisissant entre l'auxiliaire ÊTRE ou AVOIR :**

*a)* Rocambole ............ ............. (aller) voir sir Williams pour lui raconter les dernières nouveautés.

*b)* Elle ............ ............. (avaler) un flacon de cordial pour avoir plus de courage.

*c)* Il ............ ............. (paraître) que Conception t'aime.

*d)* Après ce qui ............ ............. (se passer), je ............ ............. (recevoir) un message de sa part.

*e)* Rocambole ............ .............(trouver) un billet par lequel la jeune fille l'............ ............. (inviter) à venir la voir.

*f)* Il ............ ............. (ne falloir) avoir aucun remords.

---

1. **le traître** : *une pers. qui trahit.*
2. **sa maîtresse** : *la femme qui s'est donnée à lui sans être sa femme.*
3. **qui ne laisse pas de traces** : *qui ne laisse pas de marques, qu'on n'aperçoit pas.*
4. **ses forfaits** : *ses crimes énormes.*
5. **à me confier** : *à me fier, à avoir confiance en vous.*

dans le caveau[1] de famille. Nous serons à nouveau ici dans un mois. Au revoir donc !"

Rocambole va voir sir Williams. Celui-ci a appris entre-temps des nouvelles pas trop rassurantes pour les projets ambitieux de son élève. Il lui demande :

- "As-tu pensé que le duc de Sallandrera est grand d'Espagne, qu'il possède une énorme fortune[2] et que pour lui le marquis de Chamery est probablement d'une race inférieure ?"

- "Je suis beaucoup moins riche, c'est vrai, mais je suis aussi noble que lui, et Conception m'aime. Elle n'a d'ailleurs pas d'autres prétendants[3]".

- "Tu te trompes, mon vieux. J'ai su qu'il y a quelques mois elle a été demandée en mariage par le comte de Château-Mailly".

- "Mais le duc a sans doute refusé".

- "Evidemment[4], puisque don José vivait encore".

- "Je ne le crains pas. C'est moi qu'elle aime".

- "Ce n'est pas tout. J'ai appris aussi autre chose. Te souviens-tu de Baccarat ?"

- "Diable ! Cette femme perdue qui s'est réhabilitée en épousant le comte russe Artoff et qui nous a si bien roulés !"

- "Elle nous roulera encore si nous ne prenons pas nos précautions[5]. Artoff est très lié avec Sallandrera et c'est lui qui lui a présenté le comte de Château-Mailly".

- "Nous sommes en danger. Quel est ton conseil ?"

- "J'ai entendu dire que Château-Mailly a besoin d'un valet de chambre. Zampa, le valet de don José, t'est bien dévoué, n'est-ce pas ?"

- "Il fait tout ce que je veux. Je peux l'envoyer sur l'échafaud".

- "Eh bien, je crois que le comte ne se méfiera pas d'un valet recommandé par le marquis de Chamery. Nous serons ainsi au courant de ses démarches".

- "Tu es un génie, mon vieux. Zampa entrera donc au service de Château-Mailly".

**11.** **Je pose les questions pour les réponses suivantes :**

*a)* ................................................................. ?

Nous partons demain pour l'Espagne parce que nous accompagnons le corps de don José qui doit être inhumé dans le caveau de famille.

*b)* ................................................................. ?

Nous serons ici dans un mois.

*c)* ................................................................. ?

Le duc de Sallandrera possède une énorme fortune.

*d)* ................................................................. ?

Elle a été demandée en mariage par le comte de Château-Mailly.

*e)* ................................................................. ?

Baccarat était une femme perdue et s'est réhabilitée en épousant le comte Artoff.

*f)* ................................................................. ?

Artoff est très lié avec Sallandrera et c'est lui qui lui a présenté le comte de Château-Mailly.

**12.** **Je transforme les phrases suivantes à la voix passive :**

*a)* Sir Williams apprend des nouvelles pas trop rassurantes.

.................................................................

*b)* Conception reçoit Rocambole.

.................................................................

*c)* Les élèves lisent ces revues.

.................................................................

*d)* Elle choisit cette robe bleue.

.................................................................

*e)* Les touristes fréquentent cette région.

.................................................................

---

1. **le caveau** : *construction servant de sépulture.*
2. **fortune** : *richesse.*
3. **prétendant** : *pers. qui aspire à la main d'une femme.*
4. **Evidemment** : *certainement.*
5. **précaution** : *manière d'agir prudente, circonspecte.*

# LA MORT DU SAUVAGE

La comtesse Artoff, qui vient de rentrer de Russie, a invité chez elle le comte de Château-Mailly, pour lui révéler[1] ce qu'elle a découvert par hasard à Odessa.

- "Vous aimez toujours mademoiselle de Sallandrera ?" demande la comtesse à son protégé.

- "Toujours", murmure le duc en soupirant.

- "Peut-être soupirerez-vous moins douloureusement, mon cher duc, quand je vous aurai lu ce manuscrit que voilà".

- "Qu'est-ce que cela ?" demande le duc.

- "Attendez, et répondez d'abord à ma question. N'avez-vous pas une branche de votre famille établie en Russie, à Odessa ?"

- "Oui, répond le duc. Mon grand-oncle avait suivi, sous Louis XV, l'ambassadeur de France à Saint-Pétersbourg. J'ai des cousins, que je n'ai jamais connus. Je sais que le plus âgé est un vieux colonel des uhlans[2]".

- "Eh bien, dit la comtesse Artoff, c'est précisément celui-là qui m'a remis ce manuscrit. On va le lire ensemble. Vous allez apprendre la vérité sur votre origine[3] : vous n'êtes pas un Château-Mailly, ainsi que vous le croyez, mais un Sallandrera. Le duc, qui vous avait refusé parce qu'il voulait prendre un gendre de sa race, vous acceptera avec empressement[4]".

- "Ne me donnez pas de folles espérances … Qu'est-ce qui prouve que ce manuscrit dit la vérité ?"

- "L'écriture est la même que celle des papiers de famille, et le duc ne manquera pas de le vérifier. En outre, le colonel de Château-Mailly possède une déclaration de l'évêque de Burgos à ce sujet. Ecrivez-lui : il vous l'enverra par courrier. Moi, je vais écrire au duc de Sallandrera, en Espagne, pour le mettre au courant".

Lorsque le comte rentre à son hôtel, son nouveau valet de chambre, Zampa, s'aperçoit de son bonheur et il voit qu'il enferme le manuscrit dans son secrétaire[5]. Il en parle à

**13. Je réponds aux questions suivantes :**

*a)* Chez qui Zampa est-il entré au service ?

.................................................................................

*b)* Que devait-elle révéler la comtesse Artoff au comte de Château-Mailly ?

.................................................................................

*c)* Où le comte de Château-Mailly a-t-il une branche de sa famille ?

.................................................................................

*d)* Que doivent-ils lire ensemble ?

.................................................................................

*e)* Qui lui a remis ce document ?

.................................................................................

*f)* Que découvrent-ils dans ce document ?

.................................................................................

**14. Je mets les verbes impersonnels suivants aux temps *présent, futur, passé composé* et je forme des phrases :**

*a)* Falloir s'amuser :

– .............................................................................

– .............................................................................

– .............................................................................

*b)* Pleuvoir :

– .............................................................................

– .............................................................................

– .............................................................................

*c)* Faire du soleil :

– .............................................................................

– .............................................................................

– .............................................................................

---

1. **révéler** : *faire connaître, dévoiler.*
2. **colonel des uhlans** : *lancier, dans les anciennes armées allemande, autrichienne, polonaise et russe.*
3. **votre origine** : *votre ascendance, provenance.*
4. **avec empressement** : *avec ardeur.*
5. **dans son secrétaire** : *meuble à tiroirs qui sert de table à écrire.*

Rocambole, qui lui donne un passe-partout[1] afin que Zampa puisse s'emparer du manuscrit le temps nécessaire pour qu'il le lise. En lisant en outre, toujours grâce à Zampa, les billets que le comte de Château-Mailly et la comtesse Artoff s'échangent les jours suivants, il découvre que celle-ci a écrit au duc de Sallandrera et que le comte attend un courrier apportant la déclaration de l'évêque de Burgos, prouvant[2] sa vraie origine. En rentrant chez lui, il trouve une lettre de Conception lui annonçant son retour : le duc, son père, a décidé d'anticiper leur départ de Sallandrera. Rocambole est plutôt préoccupé : son mariage avec Conception est en danger. Il va consulter sir Williams, qui a toujours de bonnes idées.

- "Te rends-tu compte, lui dit celui-ci, que si le duc part dans deux jours pour Paris, la lettre de la comtesse va arriver à Sallandrera après son départ ? Sera-t-elle remise à quelqu'un ? Sera-t-elle renvoyée à Paris ? Il faut absolument l'avoir à son arrivée en Espagne".

- "Ce n'est pas si facile que ça".

- "N'as-tu pas une personne de confiance à envoyer en Espagne ?"

- "Non, mais je viens de rencontrer un ancien appartenant au Club des valets de coeur[3] : Venture. Il ne m'a pas reconnu. Moi, je l'ai suivi pour voir où il habite. Pour de l'argent, il est prêt à faire n'importe quoi".

- "Il faut aussi détruire[4] le manuscrit, sans que Château-Mailly ait des soupçons. Tu chargeras Zampa de provoquer un incendie dans la pièce où se trouve le secrétaire".

- "Je savais que je pouvais compter sur toi, mon vieux. Il y a une dernière chose à faire disparaître : la déclaration de l'évêque de Burgos, qui doit arriver d'Odessa".

- "Ça, tu vas t'en charger toi-même. Il faut quinze jours pour aller de Paris à Odessa, et quinze pour en revenir. Dans un mois, tu vas t'occuper des courriers qui arriveront de Russie. Mais, ajouta sir Williams, les pièces supprimées, on ne supprimera pas la parole d'honneur du comte et du vieux colonel des uhlans".

**15.** Je choisis la bonne réponse. Je réponds par VRAI (V) ou FAUX (F) :

a) Rocambole donne à Zampa un passe-partout
pour prendre le document. **V   F**

b) Conception annonce son retour par une lettre. **V   F**

c) Rocambole ne connaît personne à
envoyer en Espagne. **V   F**

d) Zampa doit provoquer un incendie dans la
pièce où se trouve le manuscrit. **V   F**

e) Ils ne doivent détruire rien d'autre. **V   F**

f) Venture est prêt à faire n'importe quoi. **V   F**

**16.** Je réponds aux questions en remplaçant le complément d'objet direct par le pronom personnel complément :

*ex. :* As-tu regardé le film ? = *Oui, je l'ai regardé.*

a) As-tu étudié la leçon ?

..................................................................................

b) Avez-vous préparé des tartes aux pommes ?

..................................................................................

c) Ont-elles acheté les billets pour Paris ?

..................................................................................

d) A-t-elle invité son ami ?

..................................................................................

e) Ont-ils fait les promenades ?

..................................................................................

---

1. **un passe-partout** : *clé servant à ouvrir plusieurs serrures.*
2. **prouvant** : *témoignant.*
3. **Club des valets de cœur** : *une bande de criminels.*
4. **détruire** : *éliminer.*

- "C'est juste, dit Rocambole effrayé. Que faire alors ?"
- "Ne t'en fais pas, lui répond son vieux conseiller, si on ne trouve pas d'autre solution, on supprimera le comte !"

Ce même jour, vers onze heures du soir, quand l'ancien criminel Venture rentre dans le petit meublé où il habite, il trouve une lettre à son adresse. Il s'en étonne[1], puisqu'il vive à Paris incognito. Et quand il lit la signature, il est pris de terreur. Sir Williams ! L'homme qu'il avait trahi autrefois et qu'il avait cru mort ! Celui-ci lui laisse le choix entre la mort immédiate et un rendez-vous à minuit avec un ami. Venture se rend au rendez-vous. Un homme en blouse et en casquette s'approche et appuie le canon d'un pistolet sur sa nuque, en disant :
- "Ne bouge pas, ou tu es mort !"
- "Rocambole !" s'écrie Venture, reconnaissant la voix.
- "Oui, et je suis, comme toujours, le lieutenant de sir Williams. Que ferais-tu pour un billet de mille francs ?"
- "Tout ce qu'on voudrait".
- "Il s'agit de s'emparer[2] d'une lettre, dans un bureau de poste, en Espagne. Tu la rapporteras à Paris et tu la mettras, sous enveloppe, à l'adresse de M. Albert, poste restante. Si tu essaies de nous trahir[3] encore, ce sera la dernière fois. Tu trouveras dans ce portefeuille les instructions et deux mille francs pour la route".
- "Faudra-t-il tuer ?" demande Venture.
- "Peut-être… mais tâche de[4] faire autrement, si possible".
Les jours s'écoulent. Rocambole attend avec impatience le retour de Venture, mais il n'a pas oublié le courrier qui doit arriver de Russie. Quand le moment vient, il loue une voiture, s'habille comme un marchand et va rôder[5] du côté du relais de la poste de Melun. Quelques jours après, on lit dans la Gazette des tribunaux le titre suivant :

*"Un événement, sur lequel semble planer[6] le plus profond mystère, occupe en ce moment l'attention de la justice."*

**17. Je pose les questions pour les réponses suivantes :**

*a)* ............................................................................................ ?

Il faut supprimer le comte.

*b)* ............................................................................................ ?

Venture s'étonne de trouver une lettre à son adresse car il vivait en incognito.

*c)* ............................................................................................ ?

C'est sir Williams qui a signé la lettre, homme que Venture croyait mort.

*d)* ............................................................................................ ?

Il se rend au rendez-vous à minuit.

*e)* ............................................................................................ ?

Venture reconnaît la voix de Rocambole.

*f)* ............................................................................................ ?

Rocambole attend le retour de Venture avec impatience.

**18. Je pose la question et je réponds selon le modèle :**

*ex. :* Il a trouvé une lettre à son adresse =

*Combien de lettres a-t-il trouvées ? Il en a trouvé une.*

*a)* Vous avez fumé trois cigarettes.

............................................................................................

*b)* Elle a lavé quatre chemises.

............................................................................................

*c)* Cette semaine nous avons vu deux films.

............................................................................................

*d)* Il a écrit cinq lettres.

............................................................................................

*e)* Ce mois nous avons lu trois livres.

............................................................................................

---

1. **Il s'en étonne** : *il est surpris, il trouve étrange.*
2. **de s'emparer** : *de prendre.*
3. **trahir** : *dénoncer, abandonner.*
4. **tâche de** : *essaie de.*
5. **rôder** : *errer avec des intentions suspectes.*
6. **planer** : *dominer.*

Il y a quelques jours, une petite voiture de louage s'arrête à la porte d'un cabaret sur la route de Melun à Paris. Un marchand en descend et se fait servir à souper. Peu après, un courrier à livrée étrangère arrive à son tour et demande un cheval de poste. L'aubergiste n'en a pas. Le marchand, qui d'abord avait manifesté l'intention de coucher au cabaret, offre alors au courrier de le conduire à Paris. Que s'est-il passé pendant le trajet ? Personne ne le sait. La voiture est rendue vers cinq heures du matin à Charenton. Le marchand qui l'avait louée a disparu. Hier soir on a découvert dans un four à chaux dans la forêt de Sénart le cadavre d'un homme que certains indices[1] permettront peut-être de reconnaître. L'homme a été poignardé. Il pourrait s'agir du courrier étranger auquel le marchand mystérieux avait offert un passage. Si c'est comme ça, le vol n'est pas le mobile du crime[2], puisque le courrier n'avait sur lui que quelques lettres, qu'on n'a d'ailleurs pas retrouvées.

Cependant, Venture ne revient pas d'Espagne avec la lettre que la comtesse Artoff avait adressée au duc de Sallandrera.

Que s'est-il passé ? Après avoir tué l'employé du bureau de poste pour s'emparer de la lettre, il l'a décachetée[3] et il a tout compris. Revenu à Paris, il était allé la montrer à une vieille chiffonnière, maman Fipart, avec laquelle Rocambole avait vécu autrefois et qu'il avait jetée dans la Seine quelques jours auparavant parce qu'elle l'avait reconnu dans la rue. Venture et la chiffonnière jurent de se venger de leur ancien complice.

Venture cache maman Fipart dans un logement loin du quartier des chiffonniers et il suit Rocambole. Il parvient à entrer chez lui et à découvrir la cachette où celui-ci avait mis la déclaration de l'évêque de Burgos, qui avait coûté la vie au courrier dans la forêt de Sénart. Il ne reste plus à Rocambole qu'à supprimer le comte de Château-Mailly, ce qu'il fait avec la complicité de Zampa : on fait attraper

**19. Je réponds aux questions suivantes :**

a) Quel est l'événement qui occupe l'attention de la justice ?

.................................................................................

b) Pourquoi, selon toi, le marchand qui avait loué la voiture a-t-il disparu ?

.................................................................................

c) Le courrier, retrouvé dans la forêt, avait-il encore sur lui des lettres ?

.................................................................................

d) Venture revient-il d'Espagne ?

.................................................................................

e) Avait-il eu la lettre ?

.................................................................................

f) Qu'a-t-il fait après avoir récupéré la lettre ?

.................................................................................

**20. Je transforme les verbes de chaque phrase au subjonctif présent selon le modèle :**

*ex. :* Vous prenez cette direction = *Il faut que vous preniez cette direction.*

a) Il est ponctuel au rendez-vous.

.................................................................................

b) Tu as des idées différentes.

.................................................................................

c) Elle vient pour ce déjeuner important.

.................................................................................

d) Nous travaillons beaucoup.

.................................................................................

e) Vous finissez ces exercices.

.................................................................................

f) Ils partent toutes les semaines.

.................................................................................

---

1. **indice** : *signe apparent qui indique avec probabilité.*
2. **le mobile du crime** : *la cause, le motif du crime.*
3. **décachetée** : *ouverte.*

au comte une infection mortelle qui a été inoculée[1] à son cheval, que le comte caresse sans se douter de rien.

Rocambole, délivré du comte de Château-Mailly, cherche Venture : il est sûr qu'il a lu et gardé la lettre de la comtesse Artoff et il a volé la déclaration de l'évêque de Burgos.

Le faux marquis de Chamery doit maintenant supprimer ces deux anciens complices, et aussi le fidèle Zampa, témoin dangereux. Quand il a terminé la besogne[2], il va tout raconter à sir Williams.

- "C'est fait. Maman Fipart, Venture et Zampa ne nous causeront plus de soucis".

- "Tous les trois en un seul jour ? Comment diable as-tu fait ?"

- "C'est simple. J'ai dit à maman Fipart, que je croyais morte et que j'ai retrouvée par hasard en cherchant Venture, que c'était celui-ci qui m'avait donné son adresse contre deux mille francs ; je lui ai offert mon aide pour se venger, ce qu'elle a accepté avec joie. Elle m'a donné alors l'adresse de Venture et je suis allé lui dire la même chose ; il était heureux de pouvoir se venger de la chiffonnière".

- "Bien joué ! Mais comment auraient-ils pu s'entre-tuer[3] ?"

- "Il ne s'agissait pas de cela. Je voulais les avoir tous les deux en même temps. Je leur ai donné rendez-vous à minuit dans la baraque[4] de maman Fipart. Tu sais qu'il y a au-dessous de la pièce une grande cave pleine d'eau ; c'est là qu'ils devaient disparaître".

- "Et Zampa, qu'a-t-il à voir en tout cela ?"

- "J'ai donné rendez-vous à Zampa aussi, en lui promettant cinq mille francs pour le meurtre des deux autres".

- "C'est diabolique. Et ça a bien marché, aucun doute".

- "Très bien. La chiffonnière[5] et moi, on a poussé Venture dans le trou. Comme il criait, j'ai dit à maman Fipart de s'approcher pour le voir mourir, et je l'ai poussée aussi. Puis j'ai dit à Zampa de descendre pour les poignarder, mais, au lieu de l'aider à remonter, je l'ai poignardé à mon tour et j'ai fermé la trappe[6]. S'il n'est pas mort de mon coup

**21. Je réponds aux questions suivantes :**

*a)* Comment Rocambole réussit-il à faire mourir le comte de Château-Mailly ?

................................................................

*b)* Qui a-t-il encore éliminé avant d'aller tout raconter à sir Williams ?

................................................................

*c)* Comment s'y est-il pris pour les éliminer en même temps ?

................................................................

*d)* Où les a-t-il fait disparaître ?

................................................................

*e)* Qui a-t-il poussé dans le trou en premier ? Et après ?

................................................................

**22. Je transforme les phrases suivantes en utilisant le gérondif :**

*a)* Le comte attrape une infection mortelle quand il caresse son cheval.

................................................................

*b)* Quand je vais à l'école, je passe par le centre de la ville.

................................................................

*c)* Quand tu manges beaucoup, tu grossis.

................................................................

*d)* Quand tu visites Paris, tu marches beaucoup.

................................................................

*e)* Quand elle travaille trop, elle est fatiguée.

................................................................

*f)* Quand il a vu ses amis, il les a appelés.

................................................................

---

1. **inoculée** : *introduite dans l'organisme.*
2. **la besogne** : *le travail, la tâche.*
3. **s'entre-tuer** : *se tuer mutuellement.*
4. **la baraque** : *maison mal bâtie, peu solide.*
5. **La chiffonnière** : *pers. qui ramasse les vieux chiffons pour les vendre.*
6. **la trappe** : *ouverture pratiquée dans un plancher et munie d'une fermeture qui se rabat.*

de poignard, il est sûrement noyé à l'heure qu'il est".

# LA REVANCHE DE BACCARAT

Entre-temps, le duc de Sallandrera se rend, avec sa femme et sa fille, en Franche-Comté, pour visiter un château qu'il désire acheter. Comme c'est la saison de la chasse, il accepte l'hospitalité du propriétaire, qu'il connaisse, et il décide d'y séjourner[1] quelques jours. Tout le monde parle si bien du marquis de Chamery, qu'on écrit à Paris pour l'inviter aussi. Conception profite pour avouer[2] à son père son amour pour le jeune homme, et le duc lui dit qu'elle est désormais libre de choisir son époux.

Le faux marquis de Chamery part le plus vite possible, en emmenant aussi sir Williams. S'il attendait encore quelques heures, il apprendrait que Zampa n'est pas mort. On l'a retiré de la cave fou, mais vivant. Et on a appelé, pour le soigner, le même médecin qui soignait le comte Artoff, en proie lui aussi à des troubles psychiques. C'est comme cela que la comtesse Artoff, l'ancienne ennemie de Rocambole, découvre la véritable identité du marquis de Chamery et toutes les infamies qu'il a commises. Elle ne dit rien à l'instant, en attendant le moment le plus propice pour le démasquer[3].

Au château du Haut-Pas, en Franche-Comté, Rocambole, désormais accepté par le duc de Sallandrera comme futur gendre, participe à une chasse à l'ours, au cours de laquelle il sauve la vie au duc. Celui-ci n'hésite plus ; il fait appeler le maire du village et lui dit :

- "C'est demain dimanche. Vous ferez afficher[4] le mariage du marquis de Chamery ; le soir, le notaire du village dressera le contrat et le mariage se fera lundi".

Rocambole a obtenu ce qu'il voulait. Désormais, rien ne peut plus empêcher son mariage. Il ne lui reste qu'à se débarrasser de sir Williams, le plus dangereux de ses complices. Il profite d'un orage qui éclate dimanche soir,

**23.** Je choisis la bonne réponse. Je réponds par VRAI (V) ou FAUX (F) :

a) Le duc de Sallandrera est en Franche-Comté
avec sa famille pour acheter un château.      V      F

b) Le marquis de Chamery a refusé l'invitation du duc de
Sallandrera de les rejoindre en Franche-Comté.  V      F

c) Conception avoue à son père son amour
pour le jeune marquis.                         V      F

d) Zampa est encore vivant.                     V      F

e) La comtesse Artoff découvre la vraie identité
du marquis de Chamery.                         V      F

f) Le mariage du marquis de Chamery est fixé
pour le dimanche.                              V      F

**24.** Je réponds affirmativement et négativement en utilisant
le verbe à l'impératif :

*ex. :* Affichez-vous le mariage du marquis Chamery ?

*Oui, affichez-le !*
*Non, ne l'affichez pas !*

a) Attendez-vous vos parents ?

– ...........................................................................................

– ...........................................................................................

b) Appelons-nous notre fille ?

– ...........................................................................................

– ...........................................................................................

c) Achètes-tu un autre livre ?

– ...........................................................................................

– ...........................................................................................

d) Manges-tu les tartes aux fruits ?

– ...........................................................................................

– ...........................................................................................

---

1. **séjourner** : *rester, habiter.*
2. **pour avouer** : *pour confesser.*
3. **pour le démasquer** : *pour dévoiler qui il est réellement.*
4. **afficher** : *faire connaître par voie de placard.*

après le dîner, pour faire précipiter le vieillard aveugle du haut de la tour où ils se promenaient. Tout le monde croit à un accident.

Le matin suivant, le jour du mariage, parmi la joie et l'émotion générale, il y a une autre mort, bien plus grave que la precédente : le duc de Sallandrera est frappé d'une apoplexie foudroyante. Selon l'usage espagnol, le mariage est retardé de six mois. La femme et la fille accompagnent le corps du duc en Espagne. La comtesse Artoff a ainsi tout le loisir de démasquer le faux marquis de Chamery, qui est condamné aux travaux forcés à perpétuité[1].

## LE BAGNE[2] DE TOULON

Au bagne de Toulon, dix ans après ces événements, deux forçats[3] enchaînés sur le même lit parlent entre eux. Un s'appelle Milon, l'autre n'a jamais dit son nom : on l'appelle par son numéro, Cent dix-sept.

- "Tu dois me croire, dit Milon, si je te dis que je suis innocent".

- "Raconte-moi ton histoire, dit Cent dix-sept".

- "J'étais le domestique de confiance d'une dame étrangère très riche ; elle était veuve et avait deux petites. Elle avait aussi deux frères, deux misérables qui avaient cherché plusieurs fois à faire disparaître ses enfants. Un soir, les enfants jouaient dans le jardin, quand un coup de feu se fit entendre ; heureusement la balle, qui était sûrement destinée à une d'elles, passa au-dessus de leurs têtes. La police ne découvrit rien. Un autre jour la petite Berthe fut prise d'affreuses coliques, et le médecin constata une tentative d'empoisonnement. Alors Madame les conduisit secrètement dans un couvent, en leur donnant un faux nom. Au retour, Madame me dit : "Milon, je sais que mes frères réussiront tôt ou tard à m'assassiner[4]. Je sais que je peux compter sur toi ; prends ce coffret où il y a toute ma fortune et cache-le, c'est la dot[5] de mes filles".

- "Et tu as caché l'argent ?" demande Cent dix-sept.

**25.** **Je pose les questions pour les réponses suivantes :**

a) .................................................................... ?

Le lendemain matin il y a une autre mort ; celle du duc de Sallandrera.

b) .................................................................... ?

Le mariage est retardé de six mois, selon l'usage espagnol.

c) .................................................................... ?

Elle peut démasquer le faux marquis de Chamery.

d) .................................................................... ?

Dix ans après il se trouve au bagne de Toulon.

e) .................................................................... ?

On l'appelle Cent dix-sept.

f) .................................................................... ?

C'est Milon qui sait où se trouve la fortune de la dame étrangère.

**26.** **Je mets les phrases suivantes au présent progressif :**

a) La comtesse Artoff démasque le faux marquis de Chamery.

....................................................................

b) Les deux forçats parlent entre eux.

....................................................................

c) Ils cherchent à faire disparaître ses enfants.

....................................................................

d) La police découvre quelque chose.

....................................................................

e) Elle les conduit dans un couvent.

....................................................................

f) Je prends ce coffret et le porte dans un lieu sûr.

....................................................................

---

1. **à perpétuité** : *pour toujours.*
2. **bagne** : *établissement pénitentiaire où étaient internés les forçats qui devaient purger la peine des travaux forcés.*
3. **forçat** : *condamné aux travaux forcés.*
4. **à m'assassiner** : *tuer par assassinat.*
5. **la dot** : *bien qu'une femme apporte en se mariant.*

- "Oui, et personne que moi ne le trouvera jamais. Madame mourut empoisonnée quelques jours après. Je refusai de révéler à ses frères où était caché l'argent et ils m'accusèrent de l'avoir volé. Je fus condamné au bagne. Ah, si je pouvais m'évader et chercher les petites !"

- "Ecoute, lui dit Cent dix-sept, on pourrait sortir d'ici sans difficulté. Si je ne le fais pas, c'est parce que j'en ai assez du monde et que je me suis repenti de mes crimes. Si tu veux pourtant retrouver tes petites et leur rendre leur argent, je suis disposé à te faire évader[1]. Mais tu dois promettre de m'obéir".

- "Je te promets tout ce que tu veux, si tu me fais sortir d'ici".

- "Bon, on sortira. J'ai fait du mal toute ma vie, je vais maintenant t'aider à faire du bien. Je te promets, moi, qu'on retrouvera les orphelines[2], qu'elles auront leur dot et que les assassins seront punis".

Quelques jours après ce dialogue, Milon, Cent dix-sept et deux autres forçats innocents se trouvent sur un deux-mâts au large de Toulon. Une terrible tempête vient d'avoir lieu. Cent dix-sept a lutté corps à corps avec elle et a commandé[3] la manoeuvre pendant toute la nuit.

Au matin, comme la pluie cesse, le vent s'apaise[4]. Dans le lointain, au nord, les roches blanches qui dominent Toulon apparaissent estompées[5] par la brume.

- "O maître ! dit Milon, vous qui dominez les colères de la mer, qui donc êtes-vous ?"

La tempête s'est calmée. Puis, quand les côtes de France ont disparu dans la brume du matin, alors un sourire vient aux lèvres de Cent dix-sept:

- "Vous voulez savoir mon nom ? dit-il. Je m'appelle Rocambole !"

Et le deux-mâts continue sa course vers la haute mer.

**27. Questions à propos du texte :**

*a)* Comment as-tu trouvé cette histoire ?

.........................................................................................

.........................................................................................

.........................................................................................

.........................................................................................

*b)* Quelle fin aurais-tu donné à ce récit ?

.........................................................................................

.........................................................................................

.........................................................................................

.........................................................................................

*c)* Fais une description de Rocambole, comme tu l'imagines :

.........................................................................................

.........................................................................................

.........................................................................................

.........................................................................................

.........................................................................................

.........................................................................................

*d)* Aurais-tu aimé vivre à l'époque de Rocambole ? Pourquoi ?

.........................................................................................

.........................................................................................

.........................................................................................

.........................................................................................

.........................................................................................

.........................................................................................

.........................................................................................

---

1. **à te faire évader** : *à te faire échapper, sortir.*
2. **orpheline** : *enfant qui a perdu son père et sa mère.*
3. **commandé** : *dirigé, suivi.*
4. **s'apaise** : *se calme.*
5. **estompées** : *rendues floues.*

## EASY READERS
## ACTIVITY BOOKS

| | |
|---|---|
| *Alcott* | LITTLE WOMEN |
| *Barrie* | PETER PAN |
| *Carroll* | ALICE IN WONDERLAND |
| *F. Cooper* | THE LAST OF MOHICANS |
| *Defoe* | ROBINSON CRUSOE |
| *Dickens* | A CHRISTMAS CAROL |
| *Dolman* | KING ARTHUR |
| *Dolman* | THE LOCH NESS MONSTER |
| *Dolman* | ROBIN HOOD STORIES |
| *Grahame* | THE WIND IN THE WILLOWS |
| *James* | GHOST STORIES |
| *Jerome* | THREE MEN IN A BOAT |
| *Kingsley* | THE WATER BABIES |
| *Kipling* | JUNGLE BOOK STORIES |
| *London* | WHITE FANG |
| *London* | THE CALL OF THE WILD |
| *Melville* | MOBY DICK |
| *Naudi* | RUN FOR IT! |
| *Poe* | BLACK TALES |
| *Scott* | IVANHOE |
| *Scott* | FOLK TALES |
| *Shakespeare* | ROMEO AND JULIET |
| *Shelley* | FRANKENSTEIN |
| *Stevenson* | THE STRANGE CASE OF DR JEKYLL AND MR HYDE |
| *Stevenson* | TREASURE ISLAND |
| *Stoker* | DRACULA |
| *Stowe* | UNCLE TOM'S CABIN |
| *Swift* | GULLIVER'S TRAVELS |
| *Twain* | THE ADVENTURES OF TOM SAWYER |
| *Twain* | THE ADVENTURES OF HUCKLEBERRY FINN |
| *Twain* | THE PRINCE AND THE PAUPER |
| *Wallace* | KING KONG |

## IMPROVE
## YOUR ENGLISH

| | |
|---|---|
| *Chesterton* | TWO FATHER BROWN STORIES |
| *Conan Doyle* | TWO SHERLOCK HOLMES STORIES |
| *Conrad* | YOUTH |
| *Dickens* | THE BARON OF GROGZWIG and other stories |
| *Hardy* | THE THREE STRANGERS, A Tradition of Eighteen Hundred and Four |
| *Hawthorne, Bierce, O. Henry* | AMERICAN SHORT STORIES |
| *Irving* | THE LEGEND OF SLEEPY HOLLOW |
| *James* | THE REAL THING |
| *Jerome* | AFTER SUPPER GHOST STORIES |
| *Kipling* | THE LOST LEGION and other stories |
| *Lawrence* | NONE OF THAT, The Rocking-horse Winner |
| *London* | THE LAW OF LIFE, A Piece of Steak, War |
| *Marlowe* | DOCTOR FAUSTUS |
| *Mansfield* | THE GARDEN-PARTY, The Woman at the Store, The Canary |
| *Melville* | COCK-A-DOODLE-DOO!, John Marr, Daniel Horme |
| *O. Henry* | THE GIFT OF THE MAGI and other stories |
| *Poe* | THE PIT AND THE PENDULUM and other tales |
| *Saki* | THE SEVENTH PULLET and other stories |
| *Shakespeare* | THE TEMPEST |
| *Stevenson* | THE BOTTLE IMP |
| *Stevenson* | THE STRANGE CASE OF DR JEKYLL AND MR HYDE |
| *Stoker* | THE GUEST OF DRACULA |
| *Swift* | A MODEST PROPOSAL and other satires |
| *Twain* | THE CALIFORNIAN'S TALE and other stories |
| *Walpole* | THE CASTLE OF OTRANTO |
| *Warthon* | ROMAN FEVER, The other two |
| *Wilde* | THE CANTERVILLE GHOST |
| *Wilde* | THE HAPPY PRINCE and other stories |
| *Wilde* | SALOMÉ |